JN439159

그리움이던가…

유점순 시집

계간문예

그리움이던가…

■ 서시

서리꽃으로 피고

연잎새 소곤거리는
어여쁜 웃음소리
긴 얘기들이 끝나고
골짜기 가을 잎 노래가
이별의 소야곡 되어
바람 품속에 숨어 웁니다

지난 날 가슴속에 흐르던
그리움의 강을 따라
수많은 어제의 날이
가을 잎 이별 노래로
온 산야에 그리움 되어
젖고 있습니다

그 사랑 하얀 서리에 젖어
빈 가지 마른 잎 바람에 달랑거리고
텃밭에 자라나는 서글픈 그리움이
마음 뜨락에 서리꽃으로 피어나는 지금

■ 서문

유점순 시인의 시를 읽는다는 것은 독자로서 하나의 행운이다. 시적 근간인 단순, 명확, 진실이라는 관점에서 그러하다. 또한 시인의 타고난 시적 감수성에 놀라움을 금할 수 없기 때문이다.

다음으로 유점순 시인의 시는 독자의 마음을 편하게 해준다. 부담을 주지 않는다. 즐거움과 괴로움이 있는 생활 속에서 우리들이 찾고 있는 작지만 가슴을 열어주는 위로를 건네준다. 고정된 시의 틀을 벗고 가볍게, 그리고 다정하게, 시의 또 다른 길을 보여준다. 형식과 방법과 조건에 얽매이지 않는 자유로움과 즐거움을 선물해준다. 이미지에 얽매이거나 줄거리에 매달리거나 자유의 깊이를 아쉬워하지 않는 시적 정서와 감흥을 전달하여 독자에게 시를 읽는 즐거움을 안겨준다. 시의 중요함이 이것이다.

바라건대 서정이든 서사이든 사유의 자유로움, 독자에게 편안함과 위로와 감흥을 주는 좋은 시를 계속 써주시기 바랍니다. 앞으로도 독자를 생각하며 서로에게 유익한 시적 활동과 진흥을 기원합니다.

이채곤 (시인·수필가)

■ 차례

그리움이던가…

선운사

하늘은 내 서러움을
눈물로 쏟아내고
그리움의 보따리를 움켜쥔 채
누구도 없는 이 길에 서서
비의 울음을 듣는다

잡아야 할 것은 무엇이고
놓아야 할 것은 무엇인가

손 안의 그리움은
풍경소리에 젖어버리고

허전한 마음만
길섶에 내려놓는다

애월의 바다

하늘의 별을
다 뿌려놓은 애월의 바다
지나가는 바람마저
외로움을 묻어두고

누군가는 떠나고
누군가는 만나는
애절함을 안고 빛나는 윤슬

오고 가는 물결에 쌓아둔 채
별 내린 바다 곁에서
어제를 되돌아본다

모래 발자국 지워진
세월의 길
그 옆에 서서

가을빛 연정

분홍빛 물들여놓고
별빛을 심어주고
주저 없이 꽃을 피우더니
계절이 깊어가고
단풍의 수다도 잦아드는 밤
억새의 흰 머릿결에 가을은 짙어간다

밤새워 풀벌레 시 쓰듯
허허로운 길
인연도 달빛으로 사라지고
연정이 가을길 바람 되어
흩어진 자리
억새의 노래가 소야곡 되어
바람 따라 떠난다

가을 안부

간밤 이따금씩
거센 비를 쏟아 내리는 게
꼭 그리움 같다
하늘의 별을 보는 것만큼 멀리 있는 그대
산과 들이 수채화를 그리듯 변색해 가고
숲 사이사이마다 추억이 그려지고
꽃잎에도 새겨진다
산새들의 얘기로 열매들 익어가고
떡갈잎에 가을 노래가 새겨진다
코스모스는
가을바람 손잡고 가을 마중간다
세월이 지우고 가는 길
잊고 잊은 줄 알았는데
달빛으로 빈 뜨락에 내려앉은
늦은 밤 안부를 전해본다

가을 안부
그 세월 머물다간 자리에서

머물다 가는 길

가을 강물에
구겨진 낙엽 한 장 띄워보낸다
가다보면 만나질까

어느 강섶에서
밤새도록 서리 맞은 갈대의 모습으로
빈가지 흔들리듯 허허로이 머물다 가는 길
그리움 붙잡고 돌아갈 굽은 길
겹겹이 쌓인 하루가 잠든다

가을바람 산길을 돌다 숲에서 잠이 들 듯
그리움도 차면 그 어느 곳에서 잠이 드려나
빛나는 이 가을
그리움은 지지 않는 노을빛으로 남는다

온 바다에 별을 뿌려 놓은 듯
은별빛 그리움으로 머문다

가을빛 안부

가로수 아래 뭇 사연들이 쌓여지고
들녘에는 가을사랑이 익어갑니다
부는 바람결에
세월도 오색 물이 드나봅니다

갈잎에 새겨 넣은
그 많은 연서가 숲에 쌓이고
커피잔에 애잔한 그리움 피어납니다

가을 문 지나서
달을 닮고
별을 닮은 단풍들

산다는 것, 모두가 그리움
가을빛 사랑으로 물들어갑니다
파아란 하늘에
가을빛 안부를 띄워보냅니다

해조음

들풀의 향기는 이슬에 젖어들고
들꽃의 향기는 바람 따라 걷는다
초록빛 사랑은 갈바람 속에 머물고
가로수 밑에 눈물처럼 떨어져 누운
갈잎이 어찌 낙엽뿐일까
삶도 그러하듯
낙엽 되어 거리를 헤맨다

밤낮으로 울고 있는 해조음의 아픔도
달빛 머금고 그리움을 수없이 토하는
오늘의 이 사랑
해조음의 허허로운 눈물을 아는지
부디 아픔으로 머물지 말기를
그 크고 깊은 아픔을
이 밤도 울고 있을 그대의 길고 긴 노래들
이슬 같이 내리는 소리 없는 눈물
바다의 깊은 통곡
모두 모두가 사랑으로 남기를

별이 내리던 날

어둠 내린 창에 기대어
커피 잔에 별을 띄운다

그리움 따라 가다 보면
고운 달빛에 가을밤 풍경을 본다

이랑 깊은 어느 골짜기
그대 향한 별빛이 내린다

잔물결 사이사이
반짝이는 별꽃으로 피어난다

별이 내리던 날

가을이 건네는 선물

넓은 가을 품, 들국화를 그려 넣는다
오늘처럼 더 많이 눈에 아른거리면
파아란 화선지에 흰 구름 끌어다 글을 쓴다

그립다 하면 만나질까
그대를 볼까
강렬한 햇살에 오색으로 물들고
커피잔에 가을향기 가득 채운다

온화한 바람은 어머니의 품이 되고
햇살에 억새는 은빛으로 웃고
깊은 사랑의 품에서
어미의 젖을 빨듯
행복으로 채워간다

무지개 색으로 덧칠이 되는 가을빛
햇살이 빚어낸 고운 빛은
가을이 건네는 선물이다

9월의 고운 날

8월의 서러움, 오락가락 비 되어 내리더니
가을 그림자에 낮달처럼 그리운 얼굴
갈바람이 구름 안고 가을빛에 낙엽 지는 아픔
찬란한 계절 산골짝에 스미는 그리움

9월의 고운 날, 사랑을 닮은 조각 달빛
아팠던 어제도 살아서 느끼는 행복인가

오색 낙엽이 아름다운 9월
가을 찻잔에 보석 같은 어제를 그린다

깊은 그리움 골짜기로
억수같이 쏟아져 내리는 가을빛 사랑
조각난 달빛으로 흐른다

비에 젖은 9월, 산들 바람에
꽃보다 아름다운 가을을 볼 수 있을까

내 속에 꽃이 피는 것은

짙은 풀 향기
바람결 타고 오면

가슴에 담고 있던
내 속에 꽃이 피는 것은…

기다림은 칠월의 비에 젖어
비탈길 넘어 그리움으로 걸어오고
푸른 내음 너의 향기가 되어
내 속에 꽃으로
끝없이 피고 또 피어난다

가을 강가에서

깊은 그리움 두고
흔들린 하루가 잠든다
책갈피에 끼워 둔다 해도 좋을
그리움 하나쯤 있으면 어떠랴
세월의 이랑을
넉넉한 마음으로 안아본다
가을 향기에
눈감고 바람 따라 나선다
오색으로 물들어 가는 길
강가에서 가을빛으로 젖어가고
그리도 뜨거움 퍼부어 내더니
고운 물감으로 가을을 그려 내나 보다
가을이 참 좋다
사람 빛 같아서
구름 보따리에 그 마음 숨겨두고
건널 수 없는
강가에서 갈대이듯 등이 휘어져
오지 못할 너를 기다린다

가을의 소리

불볕처럼 타오르는 마음을 식히며
그리움 만들어준 너의 마음 길에 서 있다
말문 터지는 아이같이
서투른 바람처럼 흔들리고 또 흔들린다

흔들리는 것이 어디 바람뿐이랴
강물도 흔들리고
갈대도 흔들리며 서럽게 울지 않던가
들려오는 가을 소리에
소소한 것들 영그는 소리가 들린다

가을빛 마음 열면
구름 이고 잠자리 축제가 열린다
예쁜 찻집에서 가을사랑 영그는 노래가 흐르고
달빛 내리는 날 주름진 물결 사이사이
강물에 어린 인연
가을 오는 소리에 마음 문을 연다

노을 진 자리

별이 지고 떠나간 자리
부는 바람에 끌려가듯
부대낌도 서럽다

수채화로 머무는 유월 꿈속이듯
실바람 안부에
새들의 동화 같은 얘기는
숲길로 넘쳐 흐른다

구름도 흘러
떠난 빈 마음 움켜쥐고
해질녘 길섶에서 노을 떠난
헛헛한 자리 그리움 머문다

어제는 지워지고
포말처럼 사라져 가고
어스름 밤
노을 떠난 자리에 별이 머문다

한 조각 기다림

깊은 그리움
흐르는 길 따라 나선다

꽃잎이 질 때는
강물 되어 흘러 떠다니다
마음에 내려앉고

안개 피듯 피어오르는
그리움은 보석이 된다

꽃잎이 필 때는
마르지 않는 샘 하나
가슴에 굽이굽이 흐르고

기다림 조각조각으로
강물에 흩어져 내리는데
강가에서 장승이 되어
한 조각 기다림으로 남는다

사랑은 가을을 닮아

달콤한 라떼에
그리운 이름 하나 담고
건들바람 한 아름 안아본다

구름 한 그릇 담으니
애틋한 마음 흘러내린다

매미의 합주곡에
가을이 오색으로 물들어 가는 길
사랑은 가을을 닮는다

가을은 사랑이고
사랑은 가을빛이다

바람이 가는 길

가슴에 쌓아 둔 채
밀물이 스며들 듯
찬란한 여름
햇살 타고 새소리도
낭창하게 아침을 연다

바람은 비의 허리를 굽히고
갈대의 노래를 듣는다

어찌 하겠는가
모두가 바람인 것을
바람 안고
살아가는 길인 것을

바람이 가는 길 정해지지 않았듯이
바람 길처럼 모두가 그렇게 걷는다

꽃잎 위에 새긴

그리운 마음
꽃잎 위에 올려두고

색깔 고운 이파리에
분홍 마음을 그려넣는다

내리는 비
밤이 새도록 울어 주는데

잎새마다 적신 분홍빛 그리움
꽃잎 위에 새긴 연서
풀어헤친 그리움 전해 주려나

달빛 내린 창가에

세월은 모든 걸 다 데리고
바람일 듯 스쳐 안고
그리움과 미움 사이에
그 쓸쓸함이
세월과 함께 걷는다

애꿎은 마음 앞에 그리는 마음
별빛으로 빈 창가에 젖어내린다

새벽 그리움은 소리 없이
피어나는데
달빛 내린 창가에 서 있는
빈 그림자 하나
마음 창에 서성인다

비를 앞세우고

빗방울 두드리듯 그리움도
가슴을 두드립니다

잿빛 하늘이
몇 날 며칠을 우는 거 보니
내리는 비도 그리운 이가 있는지
가슴에 홍수가 나고
나만큼 묻어 둔 가슴 골골 마다
볼 수 있으면
따라 가고 싶습니다

쏟아낸 젖은 마음은
신호등 아래 비를 앞세우고
앞장선 그리움 때문에
나도 몰래
마음이 먼저 따라 나섭니다

유월의 여운

봄은 마른 가지에 꽃을 피우더니
꽃잎 진 자리에 연둣빛 잎새를
파랗게 수채화로 그려두고
그렇게 떠나더니
만남과 이별의 길에서
흔들리는 삶이 엮어진다

비 내리는 창가에
바람처럼 서 보니
유월이 두고 간 것은 초록이
아름다운 한나절
버리지 못한 목매인 그리움
타다 남은 가슴
비의 연가로 흐른다

칠월 뙤약볕 아래
매미의 합주곡이 열릴 때면
유월의 그 사랑
허허로운 그리움 될까 보다

그리움 흐르고

숲길 위에 누우면
구름 따라 그리움 흐른다

초록의 눈부심이
소중한 지금
여름 색 짙은 산이랑
그대의 숲에서 기쁨을 줍고

세월 강에서
흐려도 맑아도
소중한 오늘 아닌가

파랑 숲 마음 짙은 애잔함이
그리운 물결로 흐른다

그 이름 하나

풀 향기에 젖듯
은은한 향기 피는 그런 이름

초록 내음 산허리 내려앉듯
아름다운 이름 하나

창가에 달빛 스며들 듯
고운 그 이름

별빛이 호수에 숨듯, 찬란한 그림이듯
가슴에 홀로 핀 그런 이름 하나
마음 찻잔에 담습니다

구름 흐르듯 따라 흐르는 나도
따뜻한 행복 하나 있습니다

아름다운 그 이름 하나

추억으로 머물고

비 내리는 지금
까치의 맑은 노래가 아침을 깨운다

초록이 덧칠해지는 날마다 새로운 길을
그댄 꽃빛 바람을 타고 살며시
들꽃 향기처럼 가슴에 머문다

추억으로 머문 그리움은 온갖
초록에 마음을 담근다

흘러간 모든 것 덧없이
마음 흩어져 가고 없는 외진 길

지나간 것들이 숨어서
그리움이 되는지
다 가고 없는 이 길
바람만 스쳐 지나갈 뿐
그리움은 강이 되어 흐른다

유월 숲에는

바람은 잎새의 손을 잡고
무도회가 열린다

유월의 숲에는
그리움 실어 오는 바람결에
안부를 전하고
깊은 사연들이 꽃으로 피어난다

유월 숲에는
가슴 풀어헤친 삼베 적삼 속 같은
초록 숨결이 흐르고
숲의 각기 다른
화려한 오케스트라가 열린다

지나가는 바람을 잡고

칠월의 뜨거움만
산길에 걸어 두고
비들의 사이사이
눈물의 소리가 흐른다

하늘의 깊은 울음에
꽃잎이 멍들고
장승처럼 서서 돌아보니
잎새의 숨은 눈물이라

세월 따라가는 모두가
그리움으로 걷는다

지나가는 바람을 잡고
지나가는 세월을 잡고
창가에서 비의 소식 보낸다

너에게

들 찔레

명주바람 안고 왔다 돌아가는 봄길
초록 잎 사이사이
은빛으로 거니는 햇살의 행보에
새들의 잡다한 수다가
한길에 수를 놓는다

한철엔 예쁜 아카시아도 피었지만
가파른 삶의 언덕을 만나야 할 때면
하얀 찔레꽃 눈물
자욱하게 피어나는 길엔
항상 어머니의 높다란 사랑이 있었다

하얀 적삼 위로 적셔오는
숨어 울던 어머니의 모정이
모락모락 따뜻하게 흩날리는
평화로운 오월 한나절
온화한 연둣빛 미소가 숨 쉬는
순박한 내 어머니의 모습 속에서
들 찔레가 피어난다

아카시아 피던 날

순간들 앞에서
삶이 흔들릴 때 수없이 만난다

쏟아지는 봄볕에
소리 내어 울게 하는 바람 탓에
백일목 나무처럼 여윈 빈 가슴의 어머니
아카시아 꽃잎이 향기를 토하는데
또 다시 볼 수 없는 길을 떠나셨다

시간은 바람을 스쳐
지난날이 되나 보다

바람은 창가에 머물고
그리움은 소낙비 되어 쏟아진다

짙은 그리움이 새벽을 울리고
그 얼굴이 바람 타고
붙잡을 수 없는
그림자를 따라 나선다

살과 뼈를 다 주고도
마음이 다 마르도록
빌고 빌어 주신 그 삶이
오늘 내 모습이다
어머니

계절이 밀려가고
다시 아카시아 꽃이 피었는데

아름다운 그리움

귀뚜라미 연주하는 음악회가 열리고
파란 하늘에 피고 지는 꽃구름 모두가
가을 그리움입니다
가끔씩 그리움은 비가 되어 내리고
갈바람 되어 가슴에 안겨옵니다

세월의 길섶에서
가을을 닮은 인연이고 싶습니다

얼굴 마주 보며
보아도 보고 싶고
서투르게 앞뒤 없이 얘기해도
다 들어 주는
그런 인연이고 싶습니다

어디 아픈 곳은 없는지 염려해주는
그런 인연이었으면
그리움이 물살처럼 곱게 퍼져 나가는 고운 인연
내 가슴에 활짝 피었으면 합니다

별들의 얘기도 듣고
풀벌레 코러스도
반쯤 보이는 쪽달도
풀잎들의 속삭임도
긴 목을 빼고 기다리는 해바라기

참깨가 익어가며 얘기를 나누고
그믐밤 박꽃이 그리움을 노래하는
갈잎이 물들어 가는 얘기들
모두가 가을그리움입니다
그런 아름다운 가을 인연이고 싶습니다

오월의 기억

눈 감으면
추억은 구름 속으로 잠기고
또 하나의 기억은
노을처럼 고운 추억으로 그린다
오월이 떠나가는 소리
그 길에서 멀어져 가는 세월을 본다
깊은 아픔 없는 이가 있을까
상처 주고받으면서 그렇게 세월이 가고
연잎새 같은 여린 행복을 가슴팍에 꼭 안고
찔레향수 뿌려 놓은 아름다운 얘기 엮어 쓰며
흔적이 아름다운 소풍길
돌아보면 묘연한 인생길 아닌가
한 조각 그리움 같은 세월은
아카시아 향기에 물들고
파란 오월에 이 아름다운
기억으로 수를 놓아본다

억새 너 울고 섰던 그 자리

너에게 내 마음 물들어가고
구름으로 글을 쓰고
갈바람 향기에 그리움 전합니다

그대 호수에 빠져
달그림자 가을 향기 꼭 끌어안은
그대는 가을빛입니다
오늘이 내일이 되면
깊은 그리움으로 남겠지요

가을은 갈바람 타고 산기슭으로
내 품에 파고들고
이슬 얘기로 설레임 주고 가고
잊었던 그리움 하나가
억새의 노래되어
너 울고 섰던 자리에

나도 서서 울고 그리움을 수놓았던
온통 가을은 그리움이고 사랑입니다
그대는 내 가을빛 그리움입니다
그대는 내 가을빛 사랑입니다

호수에 잠긴 그리움

산 그림자 호수에 드리워
별을 품고 구름을 품고
달빛을 품어
한세상 그리운 너를 품어
눈에 넣을 수도 없이
시시때때로 그리움으로 피어난다

끝이 없는 너의 그리움
시월도 가고 찬란한 너는
낙엽이라는 이름으로
찬바람 안고 길섶에 누운 채
가슴 아픈 그리움으로
꽃 피듯 피고 또 피고 진다

바람이 걸어오고
산새도 걸어오고
구름도 걸어오는
강물도 별이 흐르듯
모두가 흘러가는데

호수는 그림자
별빛을 눈에 새기고
나는 그리움을 눈에 새긴다

우리는 그리움 속에
살아가는 인생
호수에 잠긴 그 그리움
모두가 사랑
이 모두는 사랑
삶은 그리움이다

오월의 황혼

봄바람이 들길에 앉아
오월의 속마음을 본다
살랑대는 바람 앞에 피어나는 그리움
베틀의 북보다 더 빠른 세월을 본다
바람 같은 삶
파란 오월의 행복을
마음 다해 끌어안고
빛나는 잎새들의 속삭임
아름다운 날들을 엮어
노래로 피고
눈부시도록 파란 세상
오월의 가슴을 헤집고
젊은 날과 주름져 휘어진
계곡 같은 깊은 등짝
계절 길에서 황혼을 함께 본다

호수에 핀 꽃 하나

파란 호수에 잠긴 꽃
겨울 햇살에
바람 타고 날고 있는
갈대꽃 하나
노을도 기울어진 강가에
서러움에 떨고 섰습니다

하얀 그리움으로
바람만 찾아오는 들길에서
그냥 그리움 하나면
마음속 꽃으로
피어나는 그대입니다

실비에 젖은 날 달도 머물고
별빛도 쉬어가는 강가에서
함께 마주 설까요

별빛 쉬는 강가에서

차 한 잔 속에

차 한 잔 속에 피어나는
흔들리는 그림자 하나

세월의 강가에 서서
행복함은
지나간 아름다운 날들입니다

우리의 이야기가
찻잔 속에서
허리를 붙잡고

우리의 어제가
달빛 받아 어린
파도이듯 반짝입니다

함께 가는 길은

비가 오면 함께 젖고
바람 불면 함께 흔들리면서
밤이슬에 함께 젖어 가며
남의 등짝 꼭 안고 어울리는 너

불평 없이 등을 기대고
함께 가는 길
너의 한 세월
낙엽 되어 돌아가는 길
삶을 뒤돌아본다

화려함이 파랑으로
넘치는 계절에
어울려 가는 길은
아름다운 길
젖은 그리움이듯
어깨를 기대고

지나가는 그리움

대지 위에 머무르는 동안
떠나는 것도 가슴으로 안으랴
다가 올 날을 기대 하는 것도
애틋함 담아 보내면
봄볕 타고 오려나
대지 위에 머문 소중했던
기억 속 보따리 풀어 헤친다

전할 주소도 없는 그 깊은 숲길로
바람이 전해줄 터이니
산 능선이랑 넘어
마른 갈대 울리며
지나가는 한 서린 바람이었나
한바탕 꿈을 꾼 흔적이었나

이 흔들림 바람길 울고 지나간
인연의 길에 서서
흘러가는 그 그리움을 본다

잎새의 노래

어느 곳에서 연잎새가 왔을까
실바람 타고 따라 나선다
눈부시게 웃는 햇살이
꼬부랑 골짜기를 보듬고
능선 풀숲 사이로

종알대는 산새의 얘기가
가지마다 돋아나는
파란 숲 얘기로
연잎의 신선함을
하늘에 뿌린다

호수 같은 하늘에
파란 잎 걸어 놓고
떨어져 간 꽃잎이야
내 안에 남겨 두려하네

그냥 그리움으로

창가에 별이

내 눈 속에 이슬이
흐르는 눈물이면
그대로 별이 되게 하리라

창밖은 겨울인데 마음 뜨락에
일월의 바람이 옷을 갈아입고
허물 벗은 나방 되어
힘찬 날갯짓으로
바람 타고 날으리

빈 가슴 별이 되어
창가에 은빛으로 반짝이리
봄이 오면 별빛 같은
사랑의 속삭임을 얘기하리라

그리움 겹겹이 쌓인 파도이듯
헤일 수 없이 꽃피워 보리라
별이 머무는 창가에서

흔들리며

가는 바람에도
흔들리며 사는 것이 삶이다

흔들리며 아름답게 물들어 간다
허다한 고비 길도
내가 선 자리에서 부대끼면서
가슴앓이로
사랑으로
그렇게
가을빛으로 곱게 물들고

갈대 등이
휘어지고 몸사래 치듯
바람에 울고 흔들리듯

구름이 가는 길

낙엽 진 빈 가지에
옛 얘기 걸쳐 두련다

밤을 노래하는 풀벌레
부질없는 상념을 안고
가을연서 보낸다

그리움은 언덕배기 넘지 못한 채
장승이 되고
가을빛 고운 바람 따라 휘청거린다

산과 들에 가을이 내리고
찻잔 속에 지난 따뜻한 얘기들이
오고 가는 듯
저리 우는 풀벌레
초승달에 마음 담아둘까

구름이 가는 길에

비와 나

창밖에 그리움 쏟아 내리고
산새의 푸념은
갈바람 잡고 새벽을 깨운다

내리는 빗줄기를 타고
지난날의 길을 걷는다

긴 목을 빼고
하얀 가슴
깊은 골짜기마다
상념에 흐려진 지난 날

비의 노래 벗을 삼아
머그 찻잔에
비와 나를 담아본다

가고 없는 어제 그리움은
비의 꽃으로 피어내린다

내 잔 속의 바람

겨울이 어렵사리 떠나가고
갈잎 같은 햇살이
빈 잔에 내린다

겨울 이 비에 젖은 가슴은
바싹 마른 낙엽 위에
그리움 하나 새겨 넣고
세월 지나가는
소리를 듣는다

봄의 안부가 그리운 지금
놀이터의 그리움은 어찌할까

땅 속에서는
봄을 준비하기 바쁠 텐데
해질녘 걷던 길 멈추고 뒤돌아보며
바람 같은 마음 찻잔 속에 담아본다

꿈이었던가

구름이 걸어가면
나도 따라 걸어가고
겨울산허리를 넘는 달도
웃으면 떠나가는데

창가에 서 있는
바람의 기다림도
서러운 가랑잎 숨소리도 멎은

창 저 너머
꽃잎 같은
그리운 그림자 하나

어둠이 채 떠나지도 못한 지금
모두가 허허로운 꿈이었던가

길섶에서

세월 흐른 뒤 돌아보니
그리워 돌아보니

슬픈 그림자만
발자욱 따라 나선다

애꽃은 빈 마음
슬피 피는 그리움
흘러간 날들

그림자만
길섶에 서서
세월 자락을 잡는다

꽃잎 진 자리

명주 같은 꽃잎이 파르르 떨릴 때
바람에게도 못다 한 얘기
골짜기 마다 뿌려놓고
깊이 묻어둔 마음
작은 바람에도 꽃잎은 떨고
그리움 뒤돌아 산을 넘어
헛헛함이 골짜기를 넘는다

서럽게 꽃잎 떠난 가지의 붉은 눈물
바람이 풀어헤친 잎새들의 사연들
서두르듯 가버린 꽃잎 진 얘기들이
골짜기마다 숨어 재잘거린다

꽃잎이 머문 자리

꽃잎 진 그 자리에
그리움 머문 채
잎새들 사이로 스며드는
은빛 햇살 머금고
초록바람에 담아
그리움 엮어 보내리라
꽃잎 져 머문 곳
비어 있는 마음에
햇살처럼 내려진
하얀 그 그리움 속으로

내 마음의 유월

계곡 물에 잠긴 달빛 같은 유월
빨강 저고리 풀어헤친 장미의 날도
노을처럼 끝나고
오밀조밀 피어나는
화려한 수국 옆에서
파랑 저고리 동여 입고
숲길에 놀다가
가을이 걸어오면
고운 빛으로
나뭇잎 사이 거닐며 놀다
떠나야 할 때가 되면
허허로운 마음 어찌해야 할까
허전한 그리움은 숲속에 걸어둘까
계곡 바람에 날려볼까
초록으로 물이 든
마음이야 또 다른 계절 되면
무엇으로 그려질까
내 마음의 유월
호수에 새겨진 달그림자 같다

동백으로

달빛은 골짜기에 내려앉고
속삭이는 봄의 골짜기는
지난 얘기 쏟아낸다

봄빛 내린 날
숲길로 거니는 바람

바람결에
달려있는 기다림 하나
그립다 하면 만나질까

동백으로 떨어져 머문
붉은 눈물 진 상처에

마음의 밭

달을 눈에 담으니 기쁨이고
별을 마음에 담으니
지난날입니다

마음 밭에 그대를 심은
내 탓입니다

별빛
달빛은
눈에 담은 그리움입니다

그대와 나 사이에
강이 흐르고
그 강으로 별빛 하나
띄워보냅니다

산다는 건
기다림인가 봅니다

봄은 내 곁에

봄은 그 많은 생명을 탄생시키려
숨 가쁘게 달려오고
대지에는 봄 햇살 쏟아내려
라떼 찻잔에 그 햇살 쓸어 담아
그대 사랑하니 봄은 그대입니다

눈치 없는 이 내 마음
떠난 줄 알았던 봄이 돌아와
뜰에 머물러 선 채
고운 초록으로 봄은 내 곁에
그리움으로 남아있습니다

봄은 볼그레한 첫사랑
홍매의 꽃잎으로
내 마음 들녘 꽃으로 피어납니다

사월의 숲

목련의 뽀얀 수줍은 볼을 보고
갈잎 사이로 어여삐 노니는 봄

명주바람 숲속 길
잎새 옹알거리는 한낮
손잡고 피어나는 들풀의 노래들

사월의 숲속에는
봄을 노래하는 산새의
바쁜 걸음이 봄을 꼭 잡고
요정 같은 수채화는
사월의 그대입니다

사월의 숲속은 미로입니다
연잎새는 숲에서 짙은 계절을 준비하고
숲속의 소야곡으로 피어납니다
그대는 아름다운 사월의 숲속입니다

바람의 눈물

바람은 비어 있는 나무를 흔들고
나무는 내 마음을 흔듭니다

빈 마음에
채워진 그리움 탓입니다
시도 때도 없이
흔드는 바람 탓에
창백한 목련의 볼을 봅니다

그 꽃잎 떨어져
헤진 상처에
하얀 눈물 흐르고
그리움도 머물러 선 채

가슴 조각조각 이 아픔
흔드는 바람 탓인가요

세월

세월의 강을 따라
오솔길 걸으면

발밑에 바스락 바스락
겨울의 노래가 들린다

그 사람의
따뜻하고 행복한 노래가
가슴까지 젖어 들려오는데

어머니의 젖가슴을
헤집던 아가가
오늘 가랑잎의 노래를 듣는다

머물다 간 봄

파도가 우는 길에서
다시
너를 그리워한다

너로 하여금
쉬어 갈 수 있었으면

삶이란 길에서

삶의 꽃이 피던 날은 가고
지금 황혼 길섶에서 노을을 봅니다

노을은 내 인생이고 황혼도 나인데
구르는 낙엽은 지난날을 보듯
돌아서서 길을 봅니다

부는 바람에 끌려가는
낙엽의 울음을 듣습니다
그 모습 나이고 나이테입니다

꽃 같은 날들은
안개처럼 사라지고 뒤돌아서서
눈물 어린 마음 바람 속 댓잎들
서글픈 노래가 가슴에 어리고

참 삶이란 낙엽이 눈물이듯
거리를 헤맵니다

어느 날 밤

산 그림자 길게 드리운 길
빈 가지에 걸린 달이
호숫가에 내려앉습니다
겨울 달빛 마음을 헤집고
보고 싶은 날
볼 수 없음이 그리움입니다
인생 겨울에도
견딜 수 있었던 건
당신의 아가페 사랑이었습니다

놓을 수 없는 당신은
봄이고 꽃바람입니다
쪽달빛 받은 하얀 박꽃 같은
그 사랑 그리움입니다
이 밤 산 그림자를 안고
당신 품에 있었던
그 사랑을 지울 수 없습니다
달빛 그리움
어머니는 봄 햇살일까요

그리움 곁에 두고

그리움 하늘에 두고
별을 만든 어머니의 사랑만
반짝이는 고향 길섶에서

밤바다 불빛 되어
기억의 문을 열고
밤새워 헤이는 그 사랑
조각조각 작은 물결 되어
가슴을 적셔

오늘 깊은 눈물이 될 줄
어머니의 사랑
그 그림자 손을 잡고
밤은 깊은데
그 사랑에 목이 메어
바다 깊은 곳
어리는 불빛으로 스며든다

가고 보내는 길

기다림 없어도
계절은 오고 가고
보내지 않아도
떠나가는 눈물을 본다

흔들리는 창
부딪히는 빗방울에
마음을 떠내 보낸다

연둣빛 바람은
들풀 사이로 소식을 보내
기억의 길을 찾아나선다

온통 분홍빛으로 물든 기다림은
아픔을 붙잡고
젖은 이별 앞에서
가고 보내는
허허로운 인생사를 본다

가을잎 연가

가을잎 비처럼 지던 길
겨울비 밤을 새우고
텅 빈 가지 그리움 안고
비에 젖어 갈색 눈물로 흐른다
남은 잎 찬비에 파르르 떨고
세월의 강은 겨울 풍경을 담고
여울지는 길에서
그리움은 그렇게 쌓이고
가고 또 오는 세월이다

겨울 풍경 끝이 나면
잎새의 소곤거림
수많은 얘기가 골짜기로
산야에 노래로 흐르리라

아기 잎새의 웃음소리가

떠나간 자리

모두가 떠나간 자리
바다 새 떠나고
파도의 노래만
갯가 바람으로 머무르고
가고 오지도 못 할 이 길에서
서둘러 떠나는 세월 길
그리움 물결로 쌓여지는데
허허로운 이 길에 서서
삶의 발자욱 소리 듣는다

달빛 흐르는 강

별빛도 서러운 밤
그리움 잡아 두고
달빛 흐르는 강으로
소식을 보내본다

건널 수 없는 강에
그리움 새겨 넣고

봄길에서

봄 향기 품은 날 그대 기다리며
바람은 초록빛깔 가슴 가득 안고
봄이 걸어오는 길목에
긴 목을 빼고 아지랑이 피듯
설레임 넝쿨 지는 그대 꽃 하나
마음 뜨락에 심으렵니다

봄 햇살 가득 채워주고
실바람 사랑 얘기 이슬도 따다 주며
봄비의 사연도 연잎새 얘기도
마음 밭에 갈대꽃 하나도

봄길에서
실없는 이 그리움 어찌하나요

사월의 저문 날

분홍비 꽃잎 흩어진 자리에
그림자 하나
애꿎은 바람자락 부여잡고
별빛이 쉬어가던 자리에
비구름 숨어 울고
바람 머무르던 빈자리에
쏟아 내린 얘기들
별빛 지나간 길에
그림자 하나 잡고
사월의 저문 날
터질 듯한 그리움을 품어본다

늦은 밤 머물 곳 없는
빈 마음은 어이하라고

유월의 사랑

바람은 꽃향기 타고 산 그리며
짙은 그리움을 곳곳에 새긴다

반짝이는 초록 사랑이 시작되고
달빛 내린 골짜기에
산새들 쉬어 가고
구름 꽃도 한잠 자고 가는
유월의 한낮
뜨거움에 계절은 익어 가고
푸른 잎 골짜기 바람과 햇살이 속삭이는
녹음 사이사이로 걷는다

그리움은 그 많은 사연과
유월의 깊은 사랑을 안고
푸르른 여름 꽃으로 피어난다

기억이 가는 길

세월 길 강추위는 대지를 흔들고
훗날에 무엇으로 다시 만나지려나

빈 가지 속에는 오는 봄을
준비하기 바쁠 텐데

된서리에 아름다움 머물고
솔바람 노래에
그리움 숲으로 흩어져간다

갯가에 갈대는 푸르른 날을
목메게 노래한다

돌아 갈 단상에 우는 바람아
구름이 가는 길 따라
봄이 다시오면
기억이 가는 길 따라 나서련다

가을 서곡

잎새 소곤거리던 웃음소리
긴 얘기 끝날 무렵
바람 품속에 숨어 울던
갈잎의 노래가 이별의 소야곡 되어
그리움의 강을 따라 가슴에 흐른다

수많은 어제의 날이
이별의 늦가을 노래로
온 산야에 그리움의 빛깔 되어
젖어들 무렵
하얀 서리에 젖은 사랑이
찬바람 마른 잎 달랑거리고
마음 뜨락에 내 그리운 사람
가을 서곡 들으며 서리꽃으로 피어난다

언제나 찬란합니다

가버린 어제는 낙엽에 묻어두고
오지도 않은 봄을 기다린다

비운 찻잔에 그 이름 하나가
황량한 바람결에 흔적 되어 날고
젖은 마음이야
어쩔 수 없이 말린다지만
다가 올 계절 앞에
부지런히 봄을 노래하는 날
아픔은 세월에 묻어두리

머문 그리움이야
창틀에 메어 두고
가을이 겨울에게 내어주고 가듯
하늘의 모든 별들 응원을 받아
사구에 묻어두고 사는 어제
언제나 찬란하다

동백의 눈물

서럽도록 붉은 눈물로
목이 메어 낙하한 너

새벽달 잡고
애써 지우려 하는
가슴 자리마다 새겨 머문
내 그리움만 하랴

내 곁에 봄이 오면

봄이 오면
나만이 갈 수 있는 길로

꼬부랑길 돌아
명주바람 걸어오는 길목
초승달 뜨는 밤
매화꽃 팝콘처럼 터질 때

별도 웃고
달도 웃는 밤
고운 밤빛이 내리면
새봄을 품고

내 곁에 봄이 오면
은 달빛 내린 밤
하얀 그리움으로
별들이 옹알거리고
달빛이 물들어 가는 길에서
들꽃 향기에 물들어 가리라

봄은 어디서 오는가

달콤한 입술에
스치고 가는 바람
산새 소리 유혹에 젖고
햇살은 스며들 듯 옷깃을 붙잡는

바람이 살랑거리며 숲에서 거닐고
산나물이 얼굴 내미는
애절한 기다림이
봄길에 아지랑이 머물다 가듯

잎새들의 웃음꽃이 골짜기
계곡 따라 흐르고
바람 불면 그립고
비가 오면 눈물로
낙엽 보면 쓰라린 자리에
꽃이 피고 물결 일면
내 그리운 봄은 어디서 오는가

잊혀져가는

겨울비 흐르는 창에
낡아지는 이름 하나

얼룩진 흔적 위에
비 되어 지워져 간다

한밤 창 넘어
꽃이 피던 계절에게

은연중에 띄운 연서 하나
품은 채

그리움
낮달 숨은 강물에 잠이 드려나

그리움 창 넘어오면

봄 햇살 그리움 창 넘어오면
옛 얘기들
그리운 유년 길이
빛바랜 뜨락에서
보석되어 뛰어 놉니다

비를 따라오는
그리운 길
그냥 따라 나섭니다

꽃망울 터지는 날
명주바람 걸어오는 길목으로
함께 걸어 줄
당신을 초대합니다

서리꽃 피던 날

밤새 여물어 가는
새벽달을 붙잡고
빈 가지에 걸린
별빛만 창에서 머문다

설중매의
웃음꽃이 밤빛을 머금고
별들이 잠든 냇가에
그리운 날들이 스쳐간다

무서리 내린 밤
쓸쓸한 것이
달빛뿐이겠는가
바람이 잠든 산기슭
그리움은 소리 없이
서리꽃으로 피어난다

산들바람이 오면

봄바람의 노래가
산과 들에 떠다니고
꽃망울이 함께 웃을 때

그릇마다 사연 담긴 봄볕에 서린 바람결에
삶의 얘기들이 꽉찬 봄의 골짜기는
꽃잎 물고 마주 웃던 내 어린 날이 뛰어논다

빗질한 꽃 닮아
머리카락마다 은빛으로 새겨지고
흔적 위에 얼굴은 밭이랑 되어
겨울이 녹는 소리
버들강아지 오는 소리에
그리운 것들이 소리 없이 떠다닌다

활짝 꽃이 피듯 고운 물감으로
남은 날이 얼마나 될까
산들바람에 매화꽃 수다가 필 때

빗방울

솔잎 이파리에
빗방울 맺히면
그리움 방울 속에 넣어
너에게 보내리라

무지갯빛 글씨로 곱게 그려
새가 우는 꼬부랑 길 따라
바람에게 부탁하리라

바람이 머문 곳

금빛 햇살 창으로 스며들어
품에 안기니
하나 가득 그리움이다

젖은 추억 한 자락
그림자로 잊은 줄 알았는데
스쳐가고 온 날들이
밀어내지 않아도 밀려가고

그리움은 옹이 되어
바람이 머문 곳에
기다림만
겨울비에 허기진 채 남아있다

사랑해도 될까요

하늘과 바다가 만나
소리 내어 우는 날
바다 새도 울고
해조곡마저 서럽네요

산다는 것은 끝없는 단상
기다림은 줄 지어 서고
찻잔에 그리운 이들이 가득한데
마음 뜨락에
묶어 두었던 아름다운 날들
바람에게 전합니다

계절마다 사색을 안고 사는 버거운 날들
병원 창가에서 억수같이 쏟아지는 비를 보며
나 살아서 이 세상을 더 사랑해도 될까요

바람도 울며 가는 비 내리는 지금

마음이 머문 뜰

가고 없는 빈 뜨락에
햇살 한줌 쥐고
매운바람을 안아본다

찻잔에
그려지는 그림자 하나

찬바람 가득한 뜰 무슨 미련일까
긴 한숨을 토한다

서로 안고
회한의 침묵을 품은 채
가을이 남기고 간
가랑잎 하나
마음이 머문 뜰에 구른다

지난밤 흰 눈에 젖은
서글픈 한 세월 처연한 너

겨울 길목에

소리 없이 스친 바람에
베이기도 했던가요
찬연했던 나도
묻어 두고 갈 그리움이라서
겨울 강가에 실려 떠나는
젖은 낙엽을 닮은 듯 합니다

어스름한 해거름
깊은 자욱으로 새겨지고
길섶 덤불 사이에
굴뚝새 재잘거리는 가파른 언덕길
작은 마음 자락
혼이 되어 떠다닙니다

들판에 꽃들의 수다가 끝나고
흘러간 날 아름다움
지금도 피어나는데
겨울 길목에 노을이 머문 자락
삶의 허허로움을 노래합니다

겨울 서문

바람이 옷깃을 세우고
세월 머문 자리마다
사연을 그려넣는다

달랑거리는
나뭇잎 하나 서리꽃 피고
빠르게 걷는 세월 길
삶의 허허로움이여
걸린 달의 못다 한 얘기는
능선에 걸쳐놓고
마음 뜨락에 달빛이 보던 밤도
숨어 우는 애달픈 노래
골짜기 따라 흐르는 계곡물
별빛이 내린다

바람이 걷는 길
가슴팍 말라가는
상념을 가지 끝에 걸어둔 채

황혼의 연가

나뭇가지 사이로 내리는 햇살 하나
기다림도 함께 내린다

그리움 피어나는 계절
마음의 낮달 하나
노을빛 그대는 가을바람이 된다

고운 빛 덧칠 소리에
짙은 그리움이 새벽을 데려 오니
님을 닮은 단풍잎 하나
가을이 걸어오면
황혼빛 연가는 노을을 닮은 듯
가을빛 향기에 님의 모습을 본다

8월의 문턱

초록의 자랑도
물들어 올 가을에
한낮 매미의 울음으로 익어 가는지

파란 화선지에
구름으로 너의 얘기를 쓰면
가을의 노래가 들릴까
이 마음 전해질까

그리움 곱게 영글어 가고
영글면 떨어지는 열매 같은 것
떠난 이, 남은 이
무엇으로 만나지려나

기다림은 한 평생이 되고
지나간 삶 바람인 듯 여겨지니
영그는 8월의 문 앞에서
가고 있는 너, 7월의 등을 본다

가을의 노래

갈바람 잎새의 속삭임도
뜨거운 빛으로
생명의 기한이 끝나고
가을 거리에 흘러내린
고운 이야기들
모두가 가을 사랑입니다

수많은 얘기가 쌓여진 거리
낙엽 하나 하나 그리운 편지
가을빛 우리 사랑
머물다가는 우리들의 길

흔들리며 흩어져 내리는
우리들의 남은 얘기
잎새로 와서 청년의 계절을 보내고
고운 옷 입고 떠나는 귀품 있는 너
가을은 내 사랑
가을의 노래입니다

강물에서 흩어지고

강물에서 흩어지는 그리움

그리움은 걸어오는 바람에
단풍처럼 무지갯빛으로 쌓여갑니다

그댄 언제나 내 마음 창가에서
가을빛으로 서성입니다

그대는 나에게 가을사랑
맑은 눈 속마음 강가에서
가을빛 그리움의 흔적으로
추억으로 숨겨 놓을 겁니다

흩어져 가는 강물 빛 속에
그대는 내 사랑이고
그대 사랑은 나입니다

갈잎에 새긴 연서

풀벌레 가을 노래 들리는 한낮
낙엽 진 자리에
그리움이 꽃처럼 피어난다

그대 생각으로 가을 길을 걷고
가을빛 붉은 그리움
짙은 색 덧칠 되고
갈바람 같은 비가 내리면
가슴 골짜기마다
애잔한 비의 울음을 듣는다

황갈색 나뭇잎에
기다림을 새겨 넣고
잊은 줄 알았던 너에게
갈잎에 새긴 가을빛 연서를
달빛 젖은 강에 띄워 보낸다

너의 가을 속에서

녹음이 퇴색되어
가을빛으로 물들어간다
더없이 높아진 눈부신 하늘
가을 내음이 풍겨나고
바람이 구름으로 그림을 그려넣는다

마음 골짜기
가을바람에 오색으로 젖고
사람과 사람 사이
이어주는 것은 진심이다

살아가는 길 위에서 만나지는
가을의 곱디고운 인연
고운 빛 가을 해질녘의 찬란한 노을빛
어제의 아름다운 얘기들

나의 가을 속에 산새들
잠이 든 밤에 숨은 그리움 써내려간다
풀벌레 우는 소리
더없이 쓸쓸한 가을 얘기를 쓴다

그 길 따라

봄이 온다기에
그 길 따라 나서네

세월은 멀어져 가고
계절은 되돌아
고개를 넘어 떠나가는데
홀로 찻잔을 기울이며
지난 날을 들여다보네

그리운 마음 놓고 돌아서면
또 따라 올까
허허로움 손을 꼬옥 잡고
봄을 따라 바람에게 전하고
그 길에 서서
지난 날을 뒤돌아보네

가을 길 나들목에서

갈바람 너에게 흔들리고 싶은 오늘
하얀 머리 바람이 빗질하고
그 바람 끌어안고
우는 억새의 허허로움

그리움은 산길 따라 들길 따라
가슴 깊이 물들이고
계절의 길목에서 하나둘 낙엽 지듯
그렇게 두고 갈 걸

가을빛 그리움에 목 메이고
물 흐르듯 가는 세월 옆에
소리 내어 낙엽 뒹굴고
그리움은 가을 길 나들목에서
가을 소야곡으로 피어납니다

바람의 길

주저 없이 강물이 흐르듯
여울에서 새로운 것을 만나고 떠나며
덩굴처럼 엉켜도 함께 갑니다

달빛 자락과 별빛 손을 잡고
가을 빛 묻어오는 산자락
좋은 것만 내 것이길 바라며
구름이 뒤척이는 기다림도
아름답기만 합니다

갈잎 사이로 거니는
바람도 고운 지금
모두가 삶의 찬란한 한 조각
볼 수 없는 그대도
그대 속에 태어난 내가
순간 순간 기억의 울타리 속에서
그리움이 바람 되어
빈 가슴 젖어옵니다
그대의 모습으로 피어나
오고 또 오는 바람의 길

이 그리움을

고운 가을빛으로 그대 그립니다
그대는 나에게 무지갯빛이고
나는 그대의 무지갯빛입니다
행복한 마음이 생기는 그대입니다

보고픈 마음에 창밖을 보니
온통 그리움으로 가득합니다
그리움 속에서 내가 보이고
또 그대가 보입니다

바다가 보이는 창이 넓은 찻집에서
밀려오는 파도이듯
그대는 내 그리움, 그리운 사랑
내 어머님 품에서 얼굴 보듯
비우려도 채워지는 그리움
내 어머님 얼굴에서
사랑의 눈길을 보듯
서리 내린 머리카락으로
그대 품 안에 있었던
나를 기억합니다

그대의 뼈와 살로 자란 나
한 세상 노후의 길에서
지금 이 행복도
그대의 바람이 아니였던가요
최고의 사랑은 그대이십니다
최고의 그리움도 그대이십니다

명품 같은 그대 사랑
그 사랑 잊을 리가
그대는 내 어머니
내 어머니

4월의 비

솔가지 사이 바람이 잠든 곳
꽃잎 진 사이로 가는 비가
살며시 내려앉는다

젖은 숲길에 시를 써 내려가는
바람의 미소가 꽃잎 위에 머문다

산새의 얘기가 숨어 꽃피는 숲에
찬란한 4월의 비가 내린다

떨어진 꽃잎이야

꽃 진 자리에
그리움 새기더니

젖은 강에
발자국 그림자마저
여울목에 두고
헛헛한 마음 움켜쥔 채

실없는 지난날
금세 마음 파랗게 물든다

떨어진 꽃잎이야
내 속에 신록으로 머문다

오월의 청춘

부드럽게 흔들고 가는 바람이
오월의 장미를 피운다
야하다 못해 적삼까지
풀어헤친 요염으로 마음을 빼앗아

한낮 땡볕 아래서
언제 우린 정열의 한때가 있었던가

청춘의 사랑을 닮은 장미
한 계절을 태우고 산길을 넘어가는
바람 따라 사라진다

장미의 연가만 시인들의 글로
새겨지는 오월
오월의 풍경을 호수에 담에
들꽃의 그리움을 불러 소환한다

오월의 청춘으로

그리운 건 정

사월의 저문 날
꽃잎 피고 지고
그리움 불어오는 길
숨은 가슴에 흩날리고
찻잔에 지우고 그려보고
산길 같은 삶의 길에
희로애락이 엮어지고

인연의 질긴 고리가
수채화 같은 잎새마다
사연으로 피어나고
계곡으로 흐르는 연서가
고운 물소리 되어 울린다

재잘거리는 산새소리가 잊고 지낸
어머니의 사랑으로
파릇파릇 돋아나는 바람 숲
이맘때 떠난 내 그리운 사랑아
다시 아카시아 꽃 필 텐데

그리움은 머물고

세월은 흰 머리에 그리움 내려놓고
그 아름다운 날들이
숲길 이어 번져 흐릅니다
지난날들이 호수에 빠진 달빛으로 빛나니
놓아 줄 것이었다면
애잔한 마음 지니지 않을 것을
겨울은 떠나면서 봄을 선물로 주듯
세월은 가을 잎을 길섶에 밀어 버린 채
그댄 달빛처럼
찬란한 빛으로 물든 그리움들
가슴에 수채화로 남기었습니다

인생길에 두고 올 그리움이었다면
그토록 아름다운 이슬 빛 사랑은
하지 않을 것을
새싹들 옹알거리는 들길에서
풀잎 같은 이 인연을 놓아두겠습니다

그리움 마음 밭에 심어 둔 채

번민

햇살은 하늘에 별을
다 쏟아 내고
시인은 시를 그린다

단상은 윤슬이 되고
지난날은 구름꽃으로 피어난다

흔적은 물결로 쌓여지는데
가물거리며 아지랑이 일듯이

그리움 흐르는
번민의 숲에서도
산동백이 피는데

봄의 서곡 1

봄비에 잔이 넘치는 한낮
그리운 역에
산동백이 수줍게 웃는다

까치의 코러스에
어린 시절이 플랫폼에서
수많은 얘기들 이고 지고
세월을 지우면서 가슴속에 흐른다

젖은 푸른 숲에
한 세월 처연한 겨울목으로
그립고 그리운
언어를 엮으리라
연잎새 옹알거리는 숲에

봄의 서곡 2

보리밭 고랑에
독새풀이듯
강한 어머니 사랑

그 그리움은
들찔레 꽃으로 피어납니다

나
당신이 참 좋습니다

찔레꽃 엄마

빗방울 내린 가지 사이
젖은 날개 움켜쥐고
한 시절 설움을 토한다

까치의 코러스 어울리는 정오
하얀 들찔레
어머니의 미소가 어리는 꽃잎
가고 없는 들길에 쌉싸름한 찔레순
엄마의 달콤함이 묻어내린다

새벽을 여는 어머니 모습인가
밤을 열어 바느질 한땀 한땀이
어머니의 어머니를 그리워했으리라
비 머금은 하얀 들 찔레 속에
희미한 모습 그려 넣는다
어머니의 모습으로
가슴은 늘 오지 않을 길목에서
기다림은 바람으로 스치고 가는 줄 안다
그 모습 꽃향기이듯 눈물로 핀 꽃이여

단상

그리움은 마치
꽃잎이듯 아름답다

빗방울이
소곤거리듯

연잎새
재잘거림이 숲길을 걷듯

내 눈에
꽃으로 핀다

오월에 물이 들고

가슴속에 오월의 강이 흐른다
초록잎에 앉은 빗방울의
얼굴도 물이 드는 해거름

사랑아
한 마디
초록으로 물들어진다
숲길에 흩어진
향기를 너에게 띄운다

오월의 잊지 못할 초록 연가는
숲에 쌓이고
바람마저 물들어
초록 길을 돌아 걷는다

잎새에 매달린 파란 오월

그대 내 눈에 꽃으로

내일은 내 것이 아닐지도 모르는데
저토록 웃는 꽃들의 향연

놀러온 아지랑이
새싹들의 옹알거림
명주 옷고름 풀어 헤친 진달래
머물다 가는 길

찻잔 속에 봄을 넣어
들꽃이 웃는 소리를 마신다

어둠은 더디 오가고
그리움은
초승달을 타고 떠다니다
어느 골짜기에서 잠이 들까

그대 내 눈에 꽃으로 피고 있는데

묻어둔 사랑

스쳐가는 바람자락
별빛 뿌려놓은 물결에
상념이 윤슬로 핍니다

별을 따라가는 밤
마른가지에 희망이 피고
가슴 일렁이는 봄
그리움 흐르는 길
어머니의 사랑이
물결로 수를 놓습니다

가슴에 묻어둔 사랑
어머니 그대는
내 봄이십니다

들찔레처럼 아름다운 그대는
가슴에 묻어둔 사랑입니다

산수유

가지마다 그리움 걸어놓고
꽃잎 마다
노랑 불꽃을 터트린다

봄향기 흐르고
숨은 그리움은
설렘으로 차 오른다

붉은 노을 입술에
번져오는 그리움이
쏟아지는 빗줄기 같이
노랑 그리움
팝콘처럼 터지는데

산수유
숨은 불꽃이 피어난다

여로

내림 비에
술잔이 넘친다

바람 한 자락에
쪽달 닮은 목련꽃 잎이 날고
봄비의 술잔 속에 들풀이 깨어난다

실비에 돋아나는
잎새의 눈물
별빛으로 뿌려놓고

그리움 흐르는 역에
허다한 고빗길로
여로가 널브러진 길 위에 쌓여
윤슬로 억겁의 연가로
비 되어 내린다

목련의 하얀 눈물로
세월 흐르는 봄길에

사라져가는 것들

밤하늘을 본다

그리움 머물다 간 후에도
이어지는 파도가 되어 가슴을 적셔주고
비 내리는 겨울나무의 한숨 소리
회상해 본다
어쩌면 계절을 보듯
그 속에 삶이 들어 있고
그것이 낙엽뿐이랴
모두가 어제 같은데
그립던 모두가 세월에 밀려간다

숨이 멎을 듯한 그리움도
흐르는 강물에 실려가듯
떠다니는 거리의 혼이 되고
흔적이 아름다운 소풍 길
지난날이 서성인다
모두가 사라져가는 어스름 밤이 내린 날
어제의 날들이 하늘의 별을 다 쏟아
내 뜨락에 윤슬로 내린다

어머니의 모습인가

갈바람 산길 타고 햇살 한 지게
짊어지고 내려서니
가을빛 꽃으로 변한 언덕배기에
익은 감빛
내 어머니의 모습이다

시집살이 수줍게 핀 꽃
예쁜 새끼들 앞에 두고 보니
그새 내 마음
어머니의 마음이 되고
그 사랑 윤슬 되어
창가에 찾아들고
울고 우는 풀벌레
어머니의 기도인가

그리움이 걷는 길에
느닷없이 유년 길이 따라 나선다

머물다 간

해거름 차가운 바닥에 뒹굴고
찬바람에 이별의 노래를 토해내는
어둑한 길
끝나지 않은 아픔들 새겨진 기억 속
처연한 겨울목에
잔주름 같은 파도에
세월은 숨김없이 데리고 떠난다

낙엽은 차가운 바닥에 뒹굴고
찬바람에 사색의 한숨을 토하고
미련의 샘에서 떨어진 낙엽은 서로 안고
기나긴 겨울 속
가실 이 남길 얘기를 하겠지

허허로운 삶의 전부를
기억 속 긴 건널목에서
차마 오지 않을 너를 그린다

어제는 어제에 두고

바람에게 전하고
구름으로 얘기를 쓴다

쪽달의 품에
덧없는 마음을 싣고

안달하며
가슴 졸이던 어제는 어제에 두고

길섶에서 피지 못 한
들꽃이 되어

깊은 울음
소리 없이 꽃으로 피어난다

덧없는 마음
포말로 흩어진 자리
파도의 울음 쌓인 갯가에 서서
다시 올 봄을 그린다

헤어지는 까닭

낙엽이 거리를 구르며
그리움 얘길할까
끌고 가는 바람에게
어제의 단상을
바람의 사연인들 별다르랴

붉은 낙엽은 눈물이 마르고
마른 풀 향기
하나 가득 어제에 두고
그렇게 세월은 걸어가더라

갈잎이 밀려가듯 걷는 소리
바람의 서글픈 노래도

피고 지는 계절 탓이런가
헤어지는 까닭이

찻잔에 긴 얘길 써내려갈까
따사롭고 아름답게 꿈꾸던 계절을

계간문예시인선 207

유점순 시집 _ 그리움이던가…

초판 인쇄 2024년 6월 30일
초판 발행 2024년 7월 05일

지 은 이 유점순
회 장 서정환
발 행 인 정종명
편집주간 차윤옥

펴 낸 곳 도서출판 계간문예
주 소 03132 서울 종로구 삼일대로 30길 21 종로오피스텔 1209호
전 화 (02) 3675-5633 팩스 (02) 766-4052
이 메 일 munin5633@naver.com
홈페이지 http://cafe.daum.net/quarterly2015
등 록 2005년 3월 9일 제300-2005-34호
연 락 처 03132 서울 종로구 삼일대로 32길 36 운현신화타워 305호
인 쇄 54991 전북 전주시 완산구 공북1길 16, 신아출판사
ISBN 978-89-6554-302-2 04810
ISBN 978-89-6554-118-9 (세트)

값 12,000원

잘못 만들어진 책은 바꾸어 드립니다.
저자와 협의하여 인지를 생략합니다.